I LOVE TO KEEP MY ROOM CLEAN
ICH HALTE MEIN ZIMMER GERN SAUBER

Shelley Admont
Illustrated by Sonal Goyal, Sumit Sakhuja

www.kidkiddos.com
Copyright©2014 by S. A. Publishing ©2017 by KidKiddos Books Ltd.
support@kidkiddos.com

All rights reserved. No part of this book may be reproduced in any form or by any electronic or mechanical means, including information storage and retrieval systems, without written permission from the publisher or author, except in the case of a reviewer, who may quote brief passages embodied in critical articles or in a review.

Second edition, 2019

Translated from English by Tess Parthum
Aus dem Englischen übersetzt von Tess Parthum
German editing by Liane Meyer
Überarbeitung im Deutschen von Liane Meyer

Library and Archives Canada Cataloguing in Publication Data
I love to Keep My Room Clean (German Bilingual Edition)/ Shelley Admont
ISBN: 978-1-5259-1661-8 paperback
ISBN: 978-1-77268-459-9 hardcover
ISBN: 978-1-77268-118-5 ebook

Please note that the German and English versions of the story have been written to be as close as possible. However, in some cases they differ in order to accommodate nuances and fluidity of each language.

For those I love the most–S. A.

Für die, die ich am meisten liebe–S.A.

It was a sunny Saturday morning in a faraway forest. Three bunny brothers had just woken up when their Mom entered the room.

Es war ein sonniger Samstagmorgen in einem weit entfernten Wald. Drei Hasenbrüder waren soeben aufgewacht, als ihre Mama das Zimmer betrat.

"Good morning, boys," Mom said. "I heard you moving around in here."

„Guten Morgen, Jungs", sagte Mama. „Ich habe euch hier drinnen gehört."

"Today is Saturday, we can sleep as late as we want," said the middle brother with a smile.

„Heute ist Samstag, wir können so lange schlafen, wie wir wollen", sagte der mittlere Bruder mit einem Lächeln.

"You can stay in your beds for a while," Mom said, "but I'll have to leave. I need to visit your Granny today and you'll stay with Daddy until I come back."

„Ihr könnt noch eine Weile in euren Betten bleiben", sagte Mama. „Aber ich muss bald los. Ich muss heute eure Oma besuchen, und ihr bleibt mit Papi hier, bis ich wiederkomme."

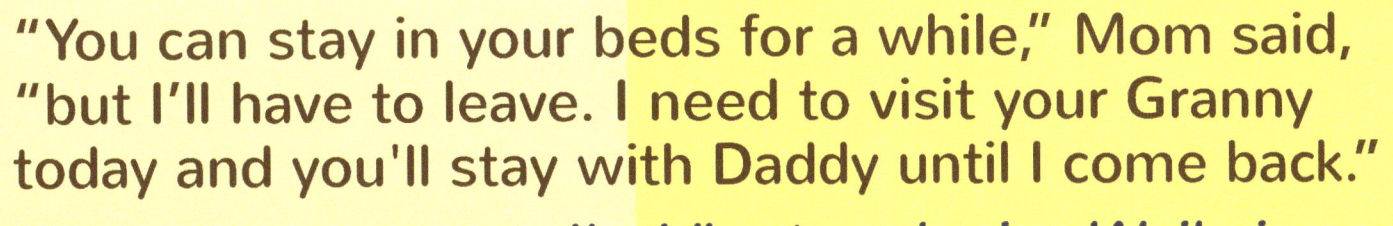

"When you get out of your beds and brush your teeth, you'll have your breakfast," Mom added. "After that, you can read books or play with your toys. Or, you can go outside and ride your bicycles."

„Wenn ihr aufgestanden seid und eure Zähne geputzt habt, werdet ihr frühstücken", fügte Mama hinzu. „Danach könnt ihr Bücher lesen oder mit euren Spielsachen spielen. Oder ihr könnt nach draußen gehen und mit euren Fahrrädern fahren."

"Hooray!" The bunny brothers started to jump on their beds happily.

„Hurra!" Die Hasenbrüder fingen an, glücklich auf ihren Betten zu springen.

"But..." continued Mom, "you are responsible for cleaning your room."

„Aber...", fuhr Mama fort, „ihr seid dafür verantwortlich, euer Zimmer sauberzumachen."

"When I come back, I want to see this house clean and organized, exactly as it is now. Can you do this?"

„Wenn ich zurückkomme, möchte ich dieses Haus sauber und ordentlich vorfinden. Schafft ihr das?"

"Sure, Mom," answered the oldest brother proudly. "We are big enough and we can be responsible."

„Sicher, Mama", antwortete der älteste Bruder stolz. „Wir sind groß genug und wir können Verantwortung übernehmen."

After they brushed their teeth, Dad served a delicious breakfast and an even more delicious dessert. Then the fun began!

Nachdem sie ihre Zähne geputzt hatten, servierte Papa ein leckeres Frühstück und ein noch köstlicheres Dessert. Dann fing der Spaß an!

The bunnies started by putting together their puzzle. Then they continued with their wooden building blocks. Next they turned on the train set and played together with the tracks.

Die Häschen begannen damit, ihr Puzzle zusammenzusetzen. Dann machten sie mit ihren Holzbausteinen weiter. Danach spielten sie mit ihrer Eisenbahn.

"This railway train is my favorite," said Jimmy, the youngest brother, as he flipped the on switch.

„Diesen Zug mag ich am liebsten", sagte Jimmy, der jüngste Bruder, als er den An-Schalter umlegte.

"This is the best present I've got on my last birthday."

„Das ist das beste Geschenk, das ich zu meinem letzten Geburtstag bekommen habe."

After playing inside for hours, the bunnies grew bored.

Nachdem sie stundenlang drinnen gespielt hatten, fingen die Hasen langsam an, sich zu langweilen.

"Let's go play outside!" said the middle brother, looking out the window.

„Lasst uns draußen spielen gehen!", sagte der mittlere Bruder und sah aus dem Fenster.

"Yeah! But we need to clean up here first," said the oldest brother.

„Ja! Aber wir müssen hier erst aufräumen", sagte der älteste Bruder.

"Oh, we have enough time before Mom comes back," answered Jimmy, "we can clean up later." The older brothers agreed and they all went out.

„Oh, wir haben noch genügend Zeit, bevor Mama zurückkommt", antwortete Jimmy. „Wir können später aufräumen." Die älteren Brüder stimmten zu, und sie gingen alle hinaus.

Outside, the three bunny brothers enjoyed the sunny weather. They rode their bicycles and played hide and seek. Finally, they decided to play basketball.

Draußen genossen die drei Hasenbrüder das sonnige Wetter. Sie fuhren mit ihren Fahrrädern und spielten Verstecken. Schließlich beschlossen sie, Basketball zu spielen.

"We'll need our basketball," said the oldest brother. "But I don't remember where we put it."

„Wir brauchen unseren Basketball", meinte der älteste Bruder. „Aber ich kann mich nicht erinnern, wo wir ihn hingelegt haben."

"I think it's under my bed," said Jimmy. "I'll go check." With that, he ran inside the house, hoping to find the ball.

„Ich glaube, er ist unter meinem Bett", sagte Jimmy. „Ich werde nachsehen gehen." Damit rannte er ins Haus, in der Hoffnung, den Ball zu finden.

When he opened the door to their room, he was very surprised. The floor was covered with puzzle pieces, building blocks, cars, tracks, and other toys.

Als er die Tür zu ihrem Zimmer öffnete, war er sehr überrascht. Der Boden war bedeckt mit Puzzleteilen, Bausteinen, Autos, Eisenbahnschienen und anderen Spielsachen.

There are too many things thrown on the floor, thought Jimmy, making his way toward his bed.

Da liegen zu viele Sachen auf dem Boden herum, dachte Jimmy, als er zu seinem Bett ging.

Eventually, he stumbled and lost his balance. He was trying to stay upright, but instead fell directly on his favorite train.

Letztendlich stolperte er und verlor das Gleichgewicht. Er versuchte, sich aufrecht zu halten, doch stattdessen fiel er genau auf seinen Lieblingszug.

"Ouch!" he screamed, watching the train's wheels flying in different directions. "Noooo, my train!" Jimmy burst into tears.

„Autsch!", schrie er und sah zu, wie die Räder des Zuges in unterschiedliche Richtungen flogen. „Neeein, mein Zug!" Jimmy brach in Tränen aus.

"Are you alright, honey?" Dad appeared at the door. He couldn't fit inside the room due to all the mess.

„Bist du in Ordnung, Liebling?" Papa erschien in der Tür. Aufgrund des ganzen Chaos passte er nicht in das Zimmer.

"I'm fine. But my train…" cried Jimmy, pointing to the train's broken wheels.

„Mir geht es gut. Aber mein Zug…", weinte Jimmy und zeigte auf die kaputten Räder seines Zuges.

"I can't even see the train," said Dad. "And what exactly happened in this room?"

„Ich kann den Zug nicht einmal sehen", sagte Papa. „Und was genau ist in diesem Zimmer passiert?"

"Jimmy, why's it taking you so long?" The other brothers shouted as they ran into the house.

„Jimmy, warum brauchst du so lange?", riefen die Stimmen der anderen Brüder, als sie ins Haus rannten.

"My train broke!" Jimmy couldn't stop crying.

„Mein Zug ist kaputtgegangen!" Jimmy hörte nicht auf zu weinen.

"Don't cry, Jimmy," said the oldest brother. "We'll think of something. Dad?"

„Weine nicht, Jimmy", sagte der älteste Bruder. „Wir werden uns etwas einfallen lassen. Papa?"

"Maybe I could fix it," said Dad. "But you need to clean up here. Bring me the train and the wheels after you find them." With that, Dad went out of the room.

„Vielleicht könnte ich ihn reparieren", sagte Papa. „Aber ihr müsst hier aufräumen. Bringt mir den Zug und die Räder, wenn ihr sie gefunden habt." Damit ging Papa aus dem Zimmer.

"We need to hurry, before Mom comes back," said the oldest brother.

"Wir müssen uns beeilen, bevor Mama zurückkommt", sagte der älteste Bruder.

"Oh, cleaning up is boring," said Jimmy sighing and looking around the messy room.

"Oh, Aufräumen ist langweilig", sagte Jimmy seufzend und sah sich im Zimmer um.

"Let's play a cleaning up game then," exclaimed his oldest brother.

"Dann lasst uns ein Aufräum-Spiel spielen", rief sein älterer Bruder.

Jimmy became excited. "The storm is coming soon!" he shouted. "We need to help all the toys get back to their houses."

Jimmy war plötzlich aufgeregt. "Der Sturm kommt bald!", schrie er. "Wir müssen all den Spielsachen helfen, zurück in ihre Häuser zu gelangen."

"We're superheroes," yelled the middle brother. He picked up toys from the floor and put each one in its proper place.

„Wir sind Superhelden", rief der mittlere Bruder. Er hob Spielsachen vom Boden auf und legte jedes an seinen rechtmäßigen Platz.

Playing and enjoying themselves, the brothers organized and cleaned everything.

Spielend und mit Freude schafften die Brüder Ordnung und machten alles sauber.

"All wheels are here," exclaimed Jimmy, running to his father with the broken train and its wheels in his hands.

„Sämtliche Räder sind hier", rief Jimmy und rannte mit dem kaputten Zug und seinen Rädern in seinen Händen zu seinem Vater.

"Here, I found the basketball!" screamed the middle brother with excitement.

„Hier, ich habe den Basketball gefunden!", schrie der mittlere Bruder aufgeregt.

"Put it in its box and... we are finished," said the oldest brother happily.

„Leg ihn in seine Schachtel und... wir sind fertig", sagte der älteste Bruder glücklich.

"It was really fun," said the middle brother, sitting down on his bed. "But it took us a whole hour."

„Es hat wirklich Spaß gemacht", sagte der mittlere Bruder und setzte sich auf sein Bett. „Aber wir haben eine ganze Stunde gebraucht."

"No!" yelled Jimmy as he entered the room. "Don't sit there!"

„Nein!", schrie Jimmy, als er ins Zimmer kam. „Setz dich nicht dorthin!"

"What? Why?!" asked the middle brother, jumping off the bed.

„Was? Warum?!", fragte der mittlere Bruder und sprang vom Bett.

"You just made your bed. If you sit on it now, you'd have to make it again," explained Jimmy.

„Du hast gerade dein Bett gemacht. Wenn du dich jetzt daraufsetzt, musst du es nochmal machen", erklärte Jimmy.

"Maybe we could read a book now," suggested the oldest brother, approaching the bookshelf.

„Vielleicht könnten wir jetzt ein Buch lesen", schlug der ältere Bruder vor und ging zum Bücherregal.

"Don't touch those books," shouted Jimmy."I organized them all by color!"

„Fass diese Bücher nicht an", rief Jimmy. „Ich habe sie alle nach Farben sortiert!"

"Sorry," said the oldest brother. "But what will we do? We can't play with anything."

„Tut mir leid", sagte der älteste Bruder. „Aber was werden wir machen? Wir dürfen mit nichts spielen."

They thought for a while and then the oldest brother shouted: "I have an idea!"

Sie dachten eine Weile nach und dann rief der älteste Bruder: „Ich habe eine Idee!"

"What if we clean up after each game?" he suggested. "Then it won't take so much time to put toys away."

„Was, wenn wir nach jedem Spiel aufräumen?", schlug er vor. „Dann wird es nicht so lange dauern, die Spielsachen wegzuräumen."

"Let's try," said Jimmy happily.

„Lasst es uns versuchen", sagte Jimmy glücklich.

First, the oldest brother read a beautiful book to his younger brothers. When they finished reading, he put it back on the shelf.

Zuerst las der älteste Bruder seinen jüngeren Brüdern ein schönes Buch vor. Als sie fertiggelesen hatten, stellte er es zurück ins Regal.

Next, they built a large tower out of their colorful blocks. When they were done, they put the blocks back into the box — and the room stayed clean!

Als Nächstes bauten sie aus ihren bunten Bausteinen einen großen Turm. Als sie fertig waren, legten sie die Bausteine zurück in die Kiste – und das Zimmer blieb ordentlich!

At that moment, Mom and Dad knocked on the door.

In diesem Moment klopften Mama und Papa an die Tür.

"I missed you so much," said Mom, "but I see you managed to keep your room clean. I'm so proud of you."

„Ich habe euch so sehr vermisst", sagte Mama. „Aber ich sehe, dass ihr es geschafft habt, euer Zimmer sauber zu halten. Ich bin so stolz auf euch."

"And here's your train, Jimmy," said Dad, handing him the toy. The wheels were fixed and Jimmy smiled widely.

„Und hier ist dein Zug, Jimmy", sagte Papa und gab ihm das Spielzeug. Die Räder waren repariert und Jimmy lächelte strahlend.

"Who wants to try cookies that Granny made for you?" asked Mom.

„Wer möchte die Kekse probieren, die Oma für uns gemacht hat?", fragte Mama.

"Me!" shouted the bunny brothers and their Dad.

„Ich!", riefen die Hasenbrüder und ihr Papa.

"But we'll eat them in the kitchen, not in this clean room," said Jimmy very seriously. "Right, Mom?"

„Aber wir werden sie in der Küche essen, nicht in diesem sauberen Zimmer", sagte Jimmy sehr ernst. „Stimmt's, Mama?"

The whole family started laughing loudly. They went to the kitchen to eat cookies.

Die ganze Familie fing laut an zu lachen. Sie gingen in die Küche, um Kekse zu essen.

Since that day, the brothers loved to keep their room clean and organized. They played with all their toys, but when they finished, they put everything back in its place.

Von diesem Tag an hielten die Brüder ihr Zimmer gern sauber und ordentlich. Sie spielten mit all ihren Spielsachen, aber wenn sie fertig waren, legten sie alle zurück an ihren Platz.

It never took them long to clean up their room again.

Sie brauchten nie wieder lange, um ihr Zimmer aufzuräumen.

www.ingramcontent.com/pod-product-compliance
Lightning Source LLC
LaVergne TN
LVHW072115060526
838201LV00011B/246